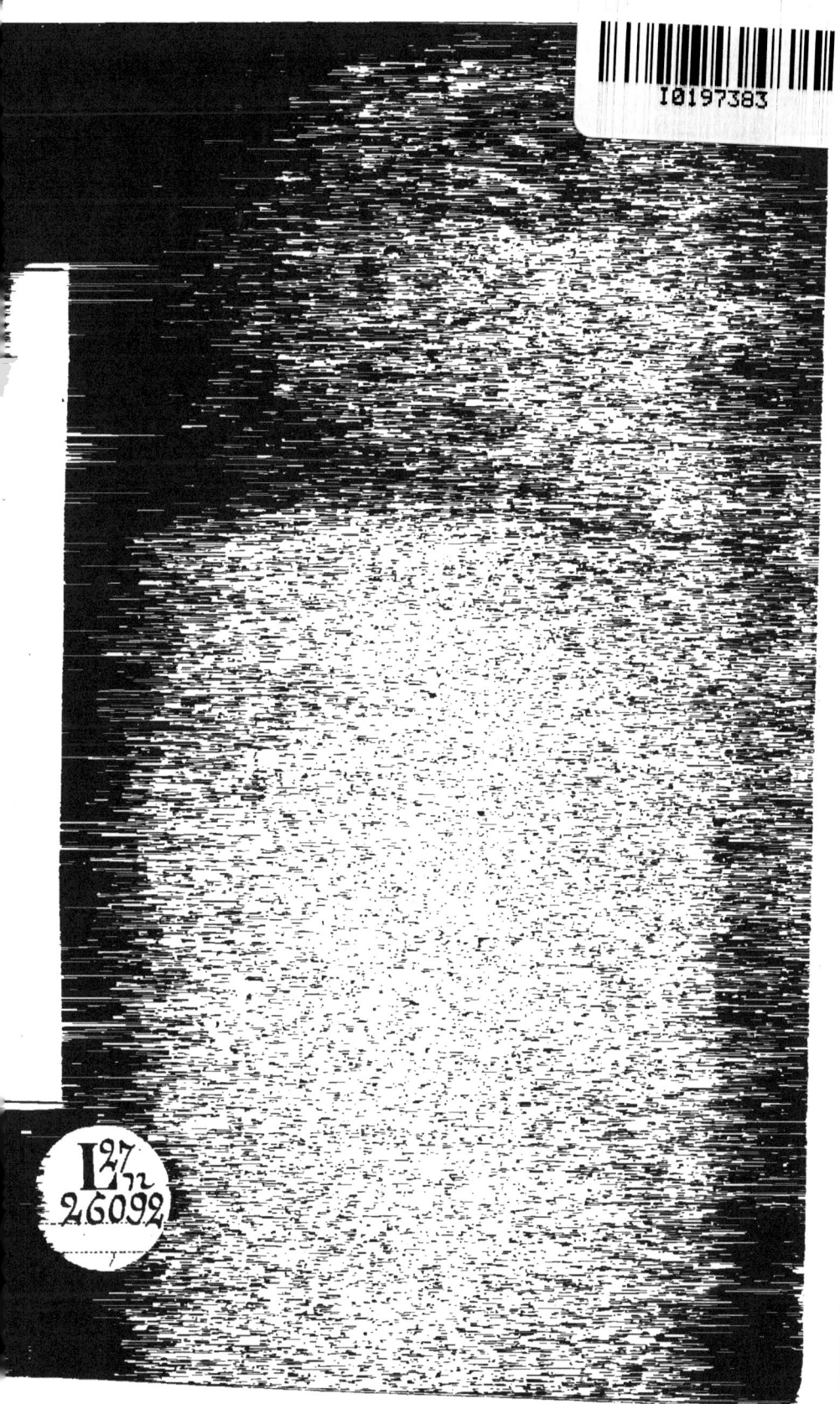

✝

LE 13 MAI 1871

A SAINT-GERMAIN D'ESTEUIL

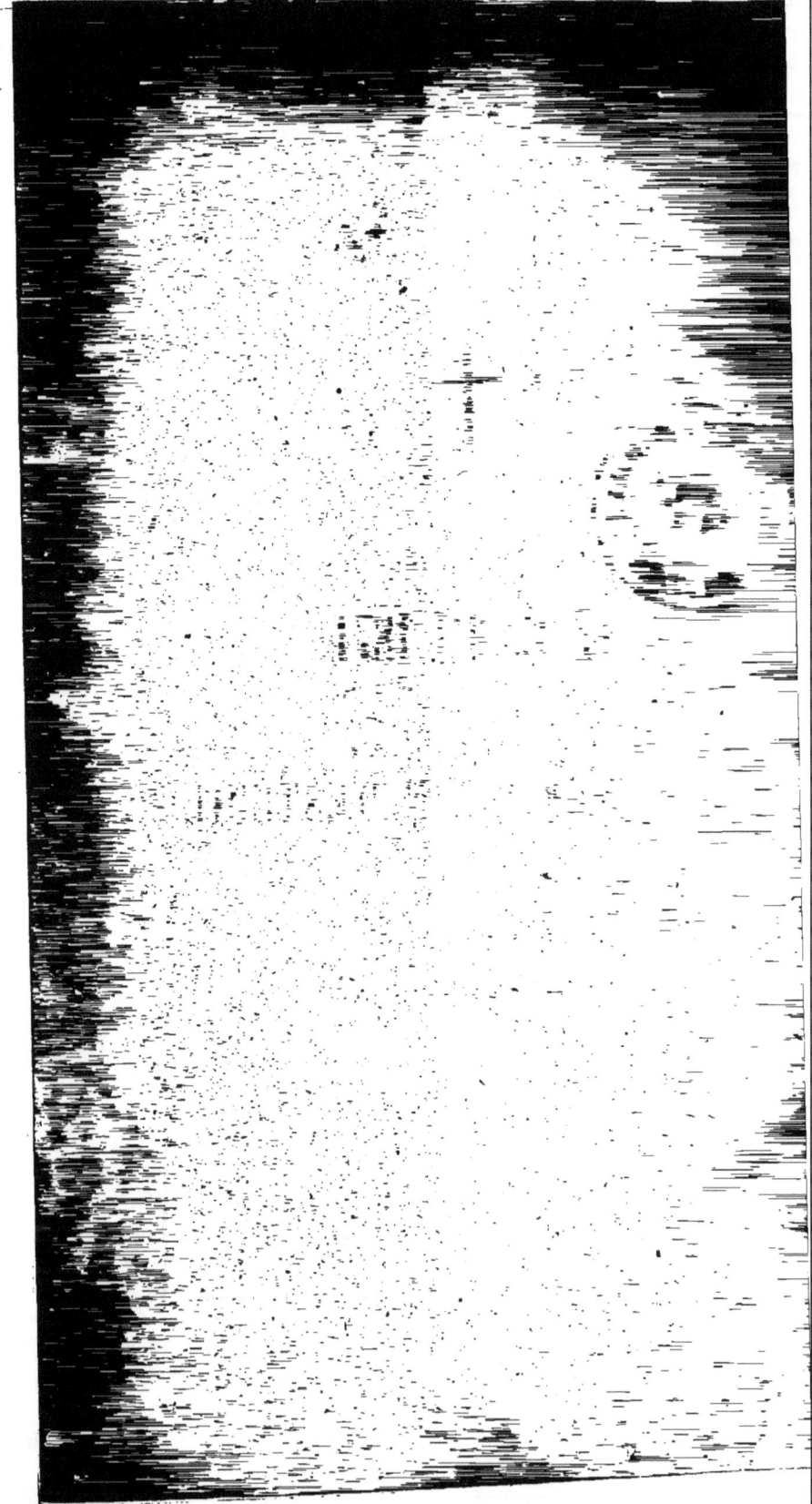

✝

LE 13 MAI 1871

A SAINT-GERMAIN D'ESTEUIL

LE 13 MAI 1871

A SAINT-GERMAIN D'ESTEUIL

Les malheurs qui accablent la France depuis huit mois ont, chaque jour, leur douloureux retentissement jusque dans nos campagnes les plus éloignées. — Nous suivions avec émotion ce matin le convoi du comte de Verthamon, dont les restes glorieux ramenés de Janville au manoir paternel, viennent d'être solennellement inhumés dans la chapelle du château, après la cérémonie religieuse célébrée à l'église du village. Un immense concours de tous les rangs et de tous les âges se pressait sur les pas de la famille en deuil; le corps de la noble victime, porté comme en triomphe par les gens de la maison, était entouré d'une double haie de zouaves pontificaux, ses anciens chefs ou compagnons d'armes, et de jeunes officiers et soldats de divers corps, arrivés récemment de nos champs de bataille. — Sur le cercueil, l'uniforme ensanglanté, troué de balles, parlait éloquemment d'héroïsme patriotique et de sainte immortalité, et la croix de Pie IX brillait comme l'étoile qui guide vers le port les dévouements fidèles. — Nous montions émus, recueillis, la belle avenue où nous l'avions vu si souvent dans la force et la gaité de sa jeunesse. L'air était calme et pur, les fleurs du jardin maternel envoyaient leurs parfums sous cette voûte ombragée, où se détachait, porté par le descendant d'un homme qui sut aussi défendre sa patrie en défendant son roi (1), le fanion désormais célèbre que le comte de Verthamon tint si fermement, le 2 décembre 1870, au combat de Loigny, et que lui et trois autres héros teignirent de leur sang ! — Cette scène, sous ces beaux rayons de printemps, était d'une grandeur triste, intimement saisissante, mais il y planait visiblement comme une immense espérance, et chacun sentait que notre pauvre France recevrait un jour le prix de ces morts sublimes qu'on admire et qu'on ne peut s'empêcher d'envier.

Lorsque le cortége est arrivé au seuil de la chapelle de famille, si heureuse, il faut bien le dire, de recouvrir les chères dépouilles d'un de ses enfants, M. E. Du Périer de Larsan, Président à la Cour de Bordeaux, a prononcé, d'une voix pleine de cœur et de larmes, les émouvantes paroles qui suivent :

---

(1) M. Aurélien de Sèze, volontaire de l'Ouest.

« Messieurs,

» Il y a dix mois la France, imprudemment engagée dans une guerre dont aucun de nous ne prévoyait la fatale issue, rappelait ses troupes de Rome.

» La catholicité s'émouvait à la vue du Saint-Père seul en face d'ennemis acharnés dès longtemps à sa perte, et de jeunes hommes, consultant leur courage plutôt que leur nombre, s'élançaient au secours du Pape.

» Là, au fort du péril, étaient pour eux le devoir et l'honneur : Henri de Verthamon, ancien zouave pontifical, écrivit alors à ses camarades un appel suprême dont vous avez gardé le souvenir.

» Ni les larmes, ni les supplications de sa famille, ni les conseils de ses amis ne purent ébranler sa résolution.

» Il cédait à l'irrésistible appel d'une voix d'en haut qui l'entraînait vers Rome, et mes dernières paroles, au moment du départ, à ce jeune père de famille que tant de liens sacrés semblaient devoir retenir près de nous, furent celles-ci : — « Je te blâme, mais je t'admire. » — Malgré le courage de ses défenseurs et après une résistance que le Saint-Père fit cesser pour arrêter l'effusion inutile du sang, Rome ouvrit ses portes devant la horde de ses nombreux envahisseurs. La glorieuse légion commandée par le baron de Charette devenait libre.

» La France, envahie, faisait appel au courage de tous ses enfants, suivant un ordre de bans successifs qui eût cependant permis à Henri de Verthamon de se reposer et d'attendre.

» Mais il est des cœurs pour lesquels le repos et l'attente sont impossibles, quand il reste un devoir à accomplir.— Inutiles et impuissantes furent encore nos prières. Dans cette âme d'élite brûlaient d'une égale ardeur l'amour de Dieu et celui de la patrie.

» Il avait fait son devoir de catholique, il voulait faire son devoir de Français; et, à peine reposé des fatigues du siége de Rome, il s'arrachait aux bras de sa jeune femme, aux caresses de ses jeunes enfants, aux espérances d'une paternité prochaine; aux douceurs, en un mot, d'une vie heureuse, et volait vers de nouveaux dangers.

» Je n'essaierai pas de raconter, Messieurs, les épisodes glorieux de l'histoire militaire de nos zouaves pontificaux.

» Vous savez que cette brave légion, exemple d'ordre, de discipline, de bonnes mœurs et de courage, a toujours été la première comme la dernière au feu.

» Vous savez qu'elle n'a pas marchandé sa vie; qu'en se multipliant, qu'en se sacrifiant, elle a sauvé plusieurs fois le corps d'armée dont elle faisait l'admiration.

» Parmi ces braves, il était naturel de l'être; et

Henri a suivi et donné l'exemple, jusqu'au jour, hélas! où, à Loigny, il est tombé mort en face de l'ennemi!...

» Mort! devant l'ennemi!... Nous l'avions cru, en effet, et j'ose à peine exprimer le regret qu'il n'en ait pas été ainsi. Cette mort instantanée et glorieuse sur le champ de bataille, tenant en main le drapeau qu'il n'abandonne qu'en mourant, lui eût épargné, en effet, et cette douloureuse station sur la neige glacée, funèbre linceul que son sang généreux a rougi, et cette longue agonie de trois jours à Janville, pendant laquelle le pauvre blessé, loin des siens, a dû recomposer la vie si belle qu'il abandonnait, refaire, pour le regretter, l'avenir brillant qui s'ouvrait devant lui, et dans les visions suprêmes qui entourent toujours la couche funèbre, chercher à reconnaître les visages aimés de ceux loin desquels il devait mourir!

» Je n'aurais rien à ajouter à ce douloureux tableau, messieurs, si je n'avais qu'à vous parler du citoyen et du soldat.

» Ai-je besoin maintenant de vous faire connaître les riches qualités qui faisaient de lui un fils pieux et tendre, un époux modèle, un père sérieusement préoccupé de ses devoirs?

» Ai-je à vous dépeindre cette nature franche et expansive, essentiellement remuante pour le bien?

» Ai-je à vous parler de cette soif de charité qu'il étanchait à chaque misère rencontrée sur sa route, sans jamais pouvoir parvenir à la satisfaire?

» Pour apprécier le fils pieux et tendre, le frère

dévoué, le mari modèle, il suffirait de vous faire asseoir un moment au foyer de cette nombreuse famille dont il fût l'aîné, l'exemple, la joie, et dont les larmes vous disent qu'il y a des pertes qu'on ne répare jamais.

» Pour connaître, respecter et plaindre le père de famille, il faudrait vous lire les pages inspirées de son testament, dans lesquelles il trace à sa jeune veuve le plan d'éducation de ses enfants. — Pensées et conseils frappés au coin de la plus profonde sagesse, jaillissant d'un cœur et d'un esprit élevés, et qu'on ne peut lire sans émotion!

» Pour vous faire connaître Henri charitable, il faudrait, violant le secret rigoureux qu'il gardait de ses bonnes actions, le suivre à travers les quartiers pauvres de la ville de Bordeaux, où il portait lui-même ses consolations et ses secours.

» Il faudrait vous conduire, pendant qu'il était à l'armée, dans une mansarde étroite et sombre, où je vous ferais contempler une pauvre veuve agenouillée avec ses trois enfants devant la statue de la Vierge, et lui demandant, — prière, hélas! non exaucée, — de préserver les jours de son bienfaiteur!

» Voilà, messieurs, ce que fut Henri, comme fils, comme père, comme époux, comme chrétien et comme soldat.

» Chers enfants, qui, autour de moi, répandez vos larmes fraternelles, auxquelles mon cœur déchiré par la douleur me donne le droit de mêler les miennes...

» Pauvre père, mon vieil et fidèle ami, qui ne

peux te consoler d'avoir perdu un tel fils, et vous, messieurs, qui apportez à cette triste cérémonie le tribut de vos sympathies, permettez-moi de vous dire que nous avons tort de pleurer...

» Au point de vue humain nos larmes sont naturelles et excusables ; au point de vue chrétien, elles ne sont pas légitimes.

» En nous livrant à la douleur, nous pensons trop à nous et pas assez à lui.

» Henri venait du ciel... il y est retourné...

» Dieu nous l'avait prêté, il a repris son bien. Sa volonté soit faite ! La volonté de Dieu est la justice.

» Il l'avait envoyé dans ce monde pour remplir une mission : celle de le servir d'abord; de faire le bonheur et la gloire de la famille dans laquelle il est né, et d'en fonder une à laquelle il laisse de grands et nobles exemples.

» Les missions courtes ne sont pas les moins fécondes...

» Un philosophe chrétien a dit qu'une longue vie est une longue occasion de perdre les félicités du ciel !

» Après avoir fidèlement rempli sa mission, Henri n'avait-il pas intérêt à retourner au plus tôt vers son maître, au moment où il était si bien prêt à rendre ses comptes, sauvegardé par cet arrêt subit contre les défaillances de l'avenir et dans la plénitude de ses droits à la récompense promise ?

» La mort d'ailleurs, messieurs, au point de vue chrétien, est-elle autre chose qu'une absence momentanée ? Et ne nous servons-nous pas d'une expression impropre lorsqu'aux parents, aux amis que nous perdons, nous disons un adieu *éternel* ?...

» N'avez-vous pas entendu ces paroles consolantes prononcées tout à l'heure à l'autel, et que, pour ma part, je n'entends jamais dans ces lugubres cérémonies, sans que mon cœur tressaille d'espérance et de joie :

» Marthe pleurait son frère et disait que si le Seigneur eût été près d'elle son frère ne serait pas mort... et le Seigneur lui répond :

» — Je suis la résurrection et la vie ; celui qui
» croit en moi ne meurt pas, mais il vit ; et qui-
» conque vit et croit en moi ne meurt pas dans
» l'éternité. »

» Essayons donc de sécher nos larmes, messieurs, devant ces paroles du maître, et empruntons à cette tombe les grands enseignements qu'elle renferme.

» Henri est mort au service de deux grandes causes : la Foi et la Patrie.

» Dans les profonds desseins de la Providence, et suivant nos croyances qui ont basé la rédemption sur l'expiation et le sacrifice du sang innocent, il fallait peut-être de telles victimes pour obtenir la régénération de notre pays.

» En suivant l'exemple que nous a donné le bon catholique et le brave soldat que nous pleurons, nous faciliterons et continuerons son œuvre. C'est le plus digne moyen d'honorer sa mémoire, c'est la forme de regret la plus agréable à cette âme généreuse qui nous voit, qui nous entend, qu'il me semble sentir près de moi comme un parfum divin, pendant que je vous parle...

» Mon Dieu ! excusez-moi si, jetant un coup d'œil indiscret à travers le voile épais qui nous cache le Tribunal où s'élaborent vos arrêts suprêmes, je cherche à pénétrer le jugement que vous avez rendu sur l'âme de celui que nous avons perdu, et si, sans droit, sans qualité et avant l'heure, j'ose, moi indigne, préjuger le secret de votre sentence....

» Ne vous offensez pas de la parole peut-être téméraire que, dans mon ignorance des choses sacrées, je vais prononcer...

» Mais, en admirant cette existence si pleine de bonnes actions accomplies en votre nom, en face de cette vie sacrifiée à votre sainte cause et à celle de la patrie, en présence de cette foi vive hautement confessée devant tous, autorisez-moi à proclamer que votre fidèle serviteur est assis à votre droite, et pardonnez-moi si en invoquant son intercession, j'ose dire

» Henri, priez pour nous ! ».

159

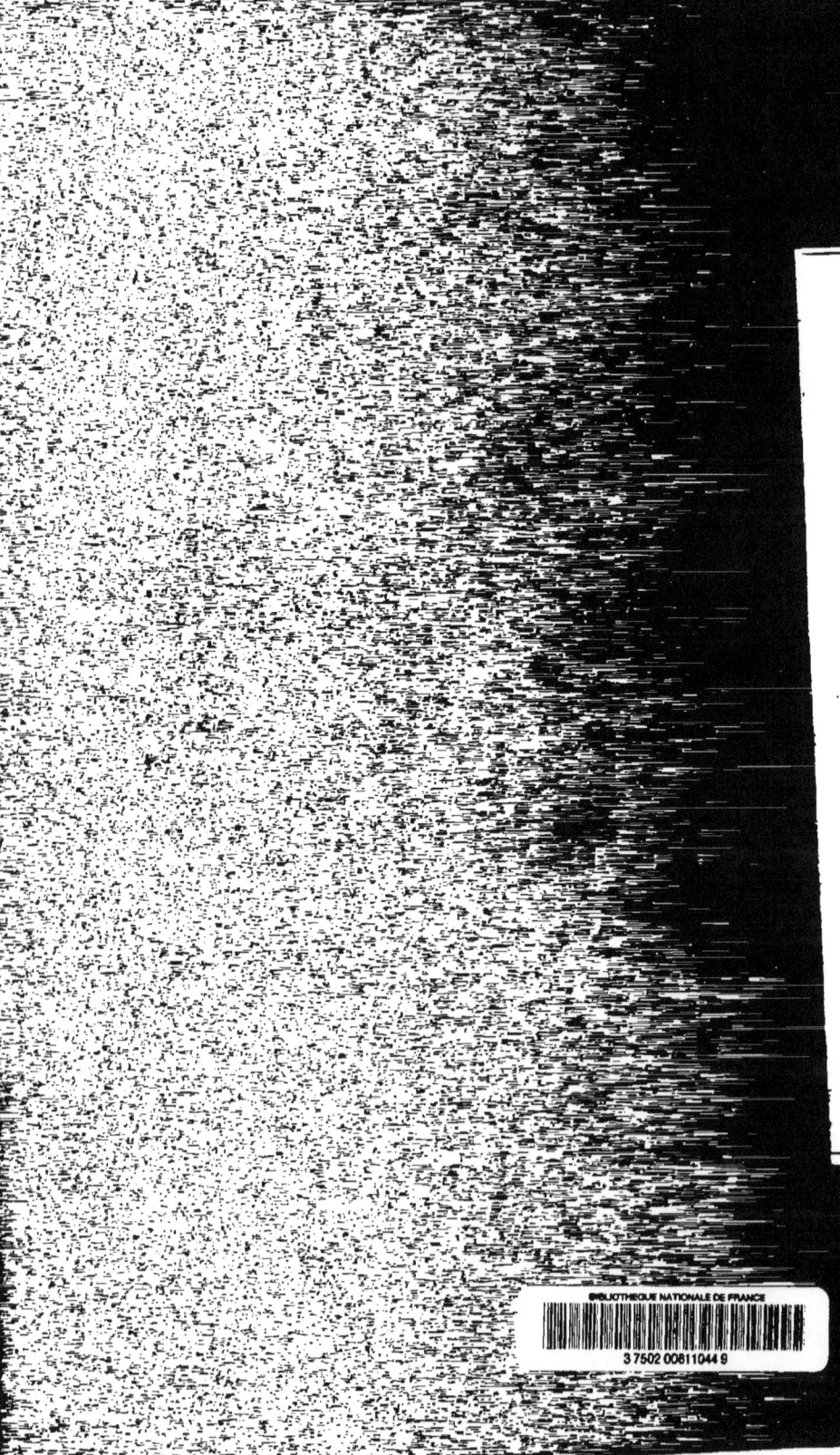

www.ingramcontent.com/pod-product-compliance
Lightning Source LLC
Chambersburg PA
CBHW061526040426
42450CB00008B/1808